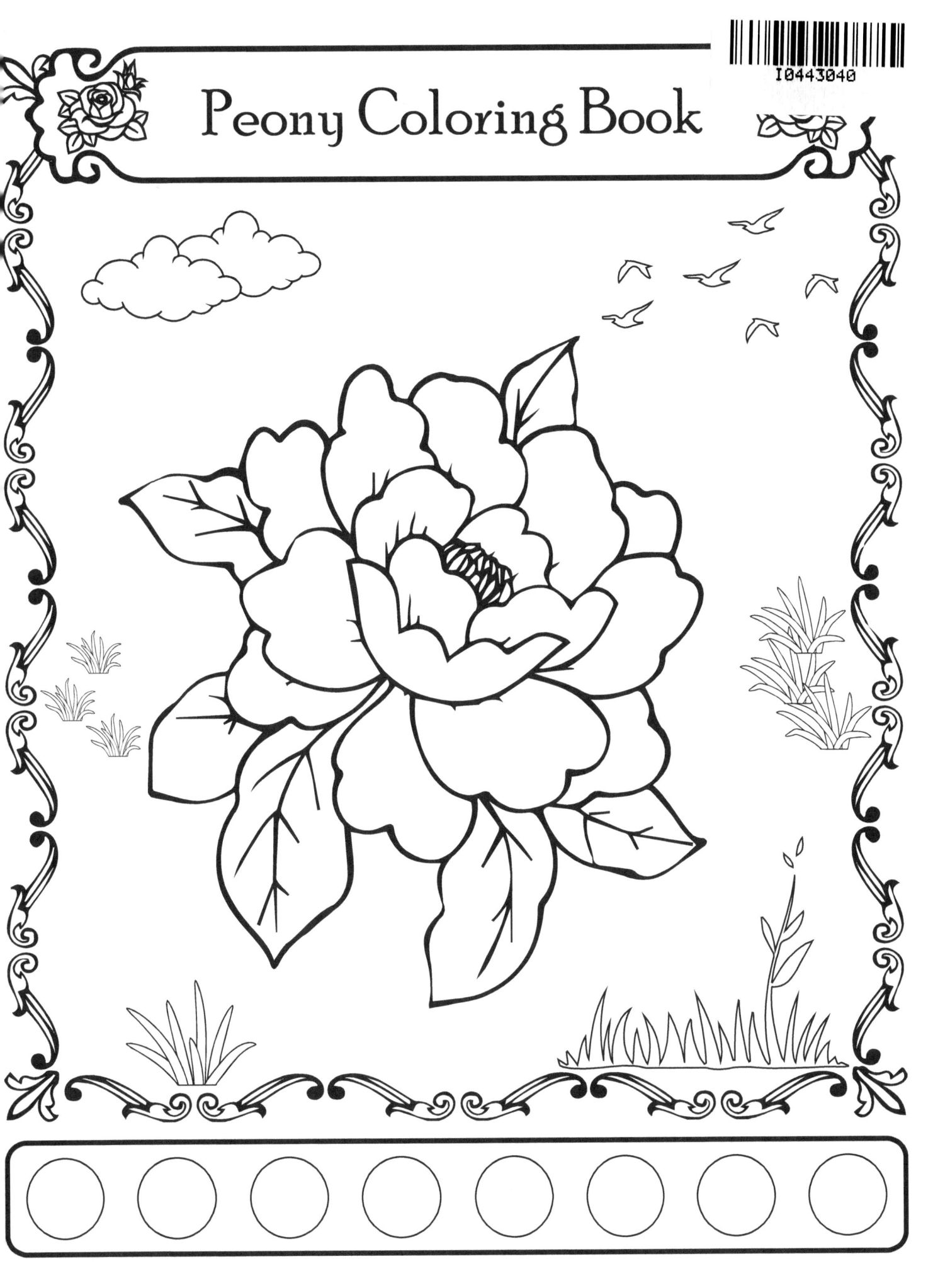

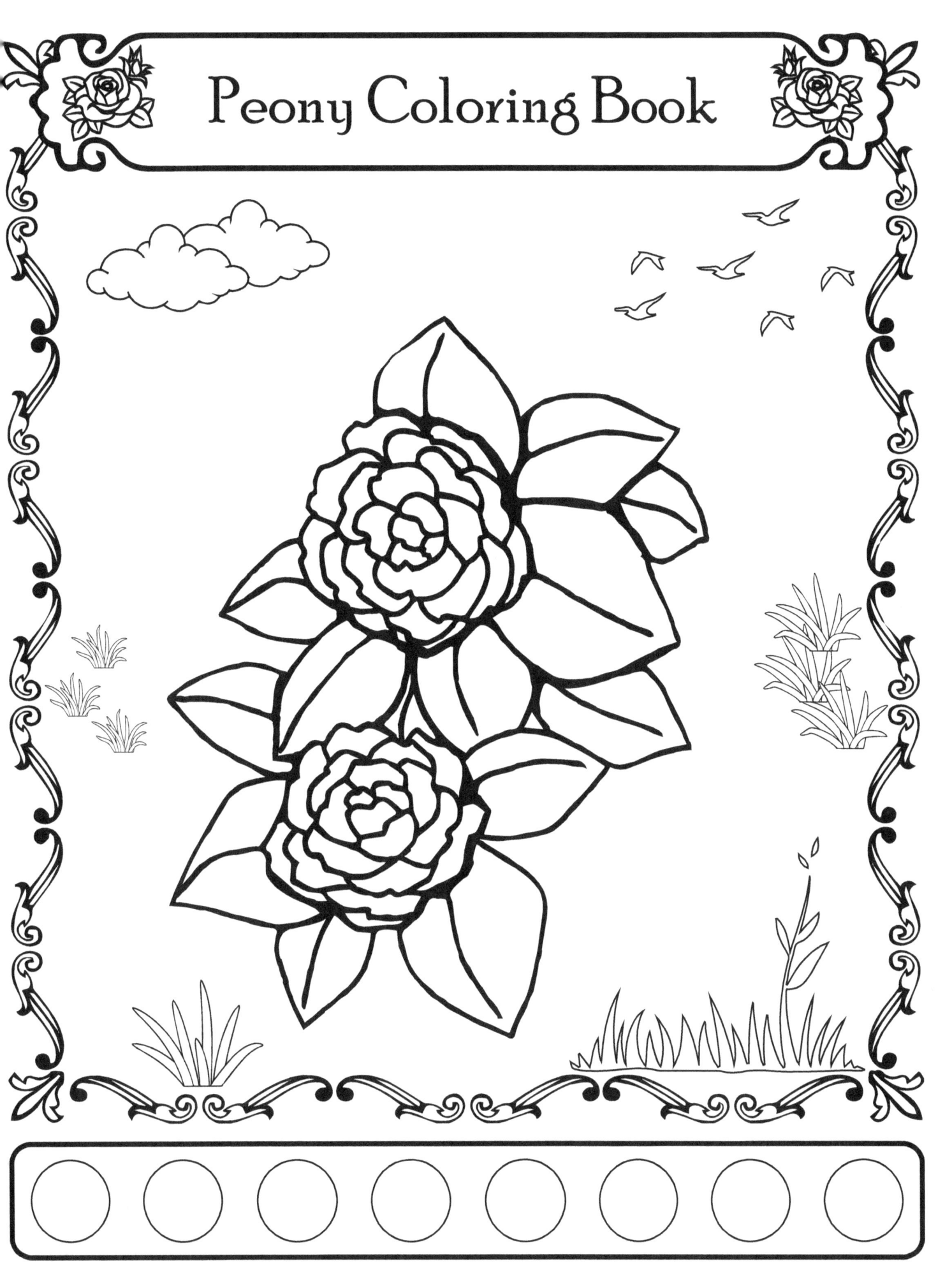

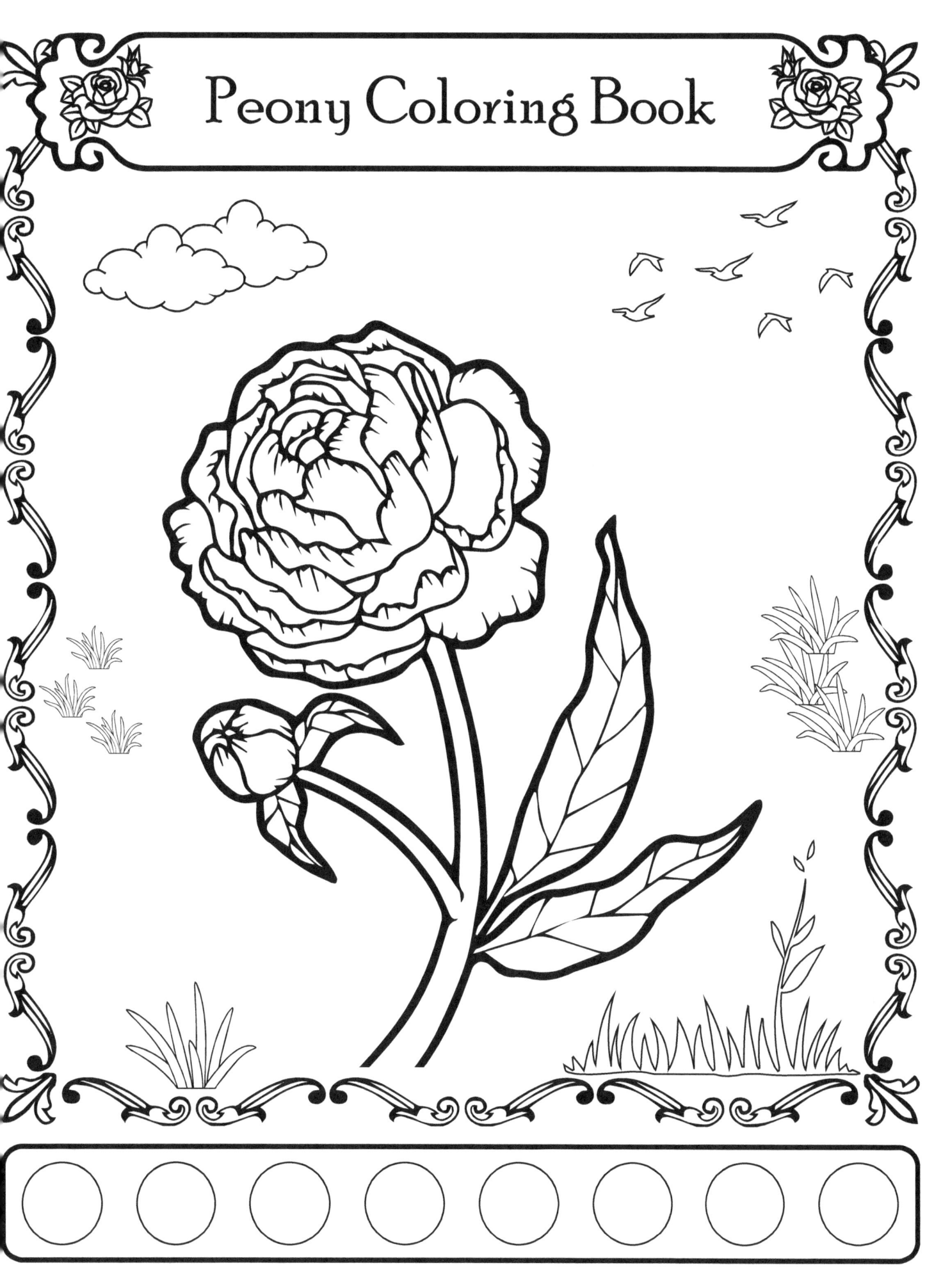

Peony Coloring Book

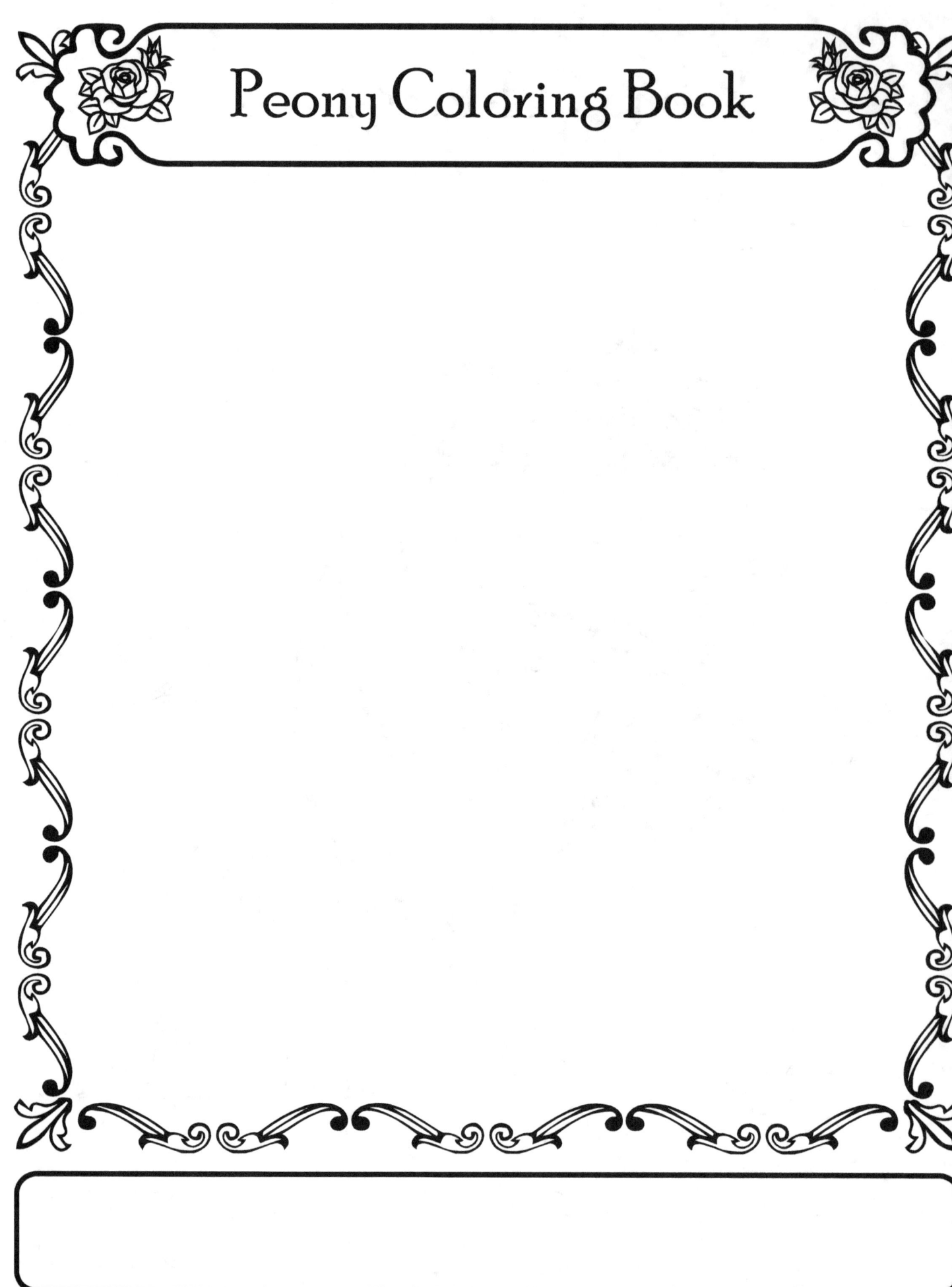

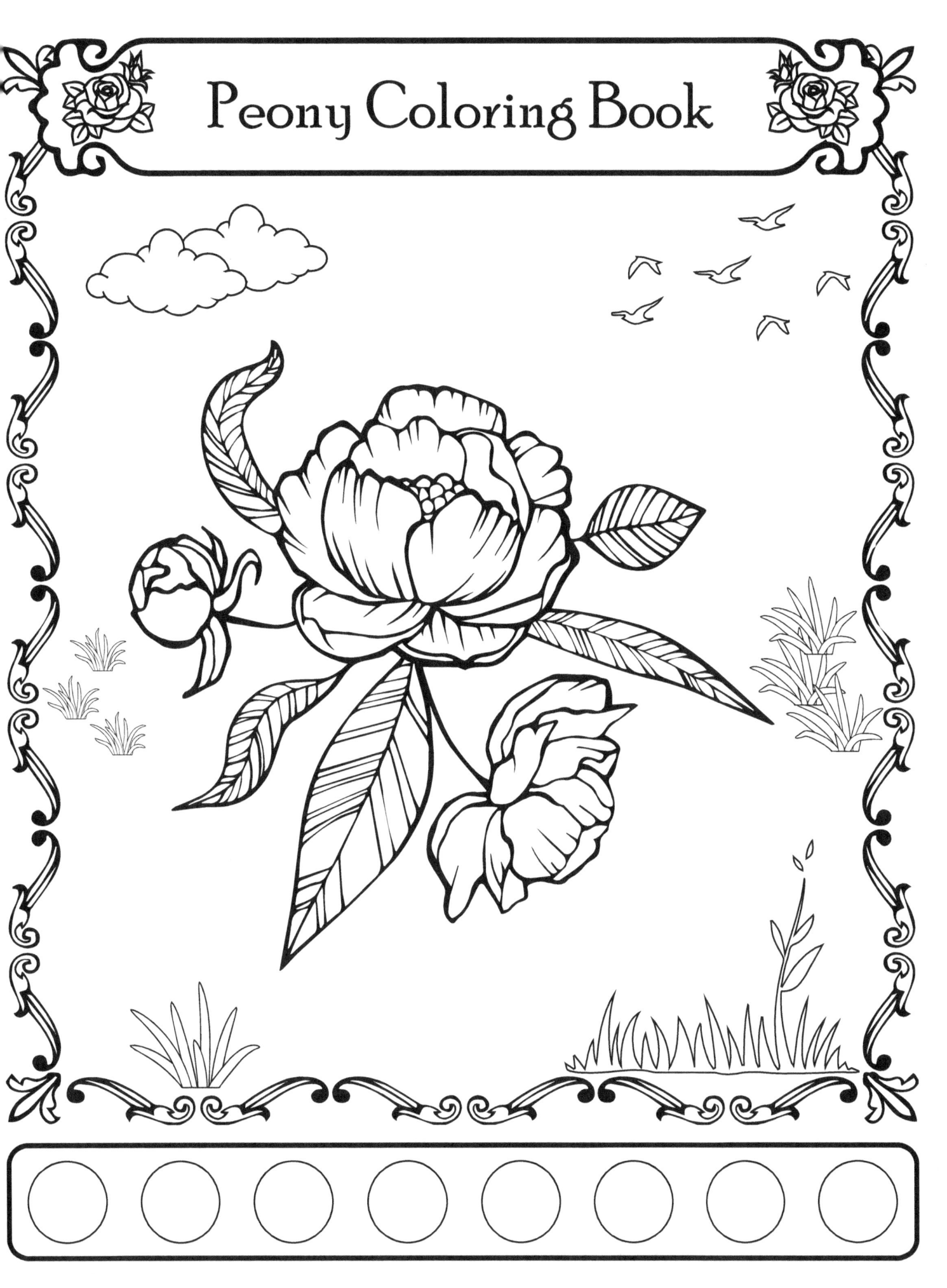

Peony Coloring Book

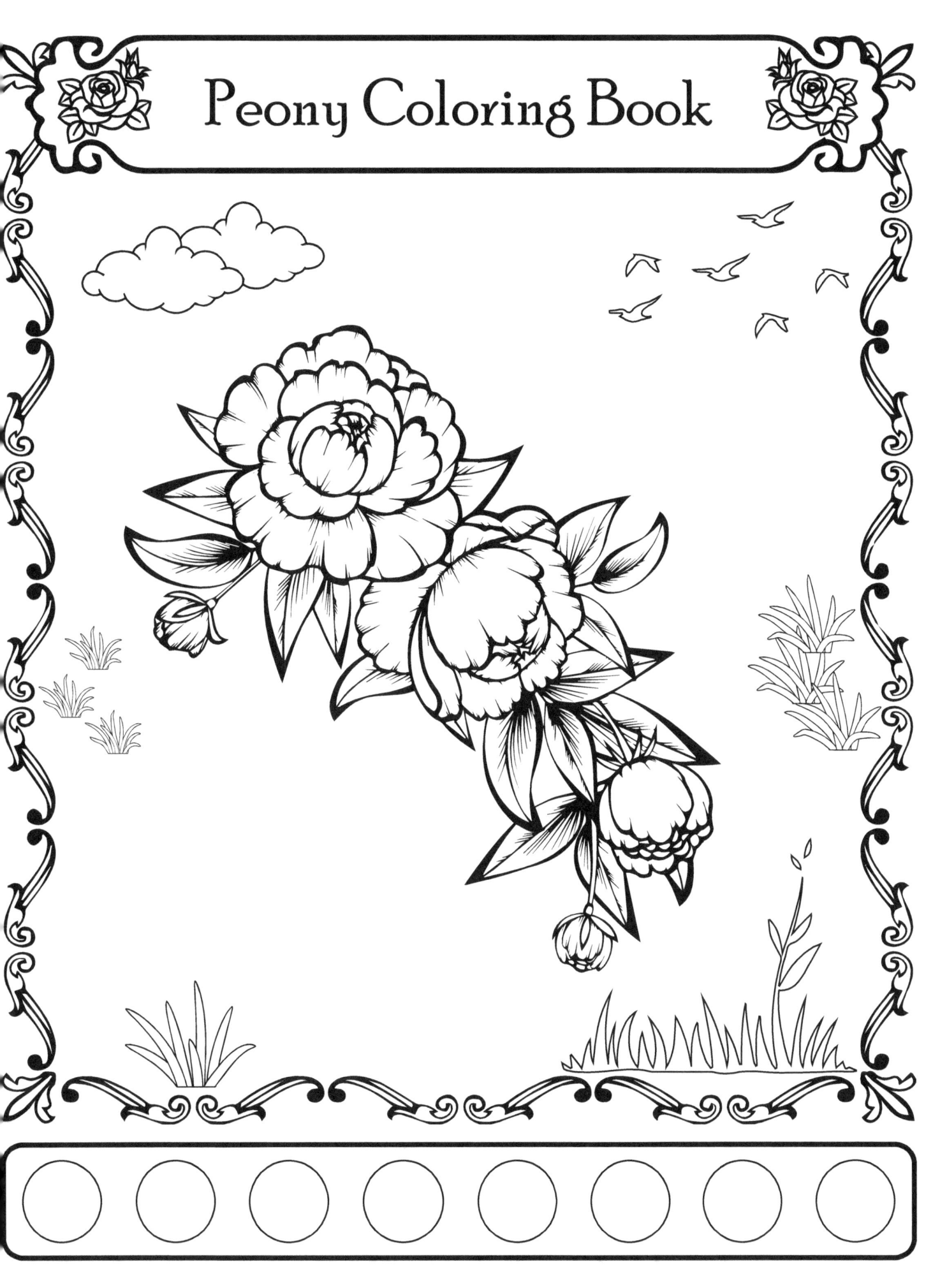

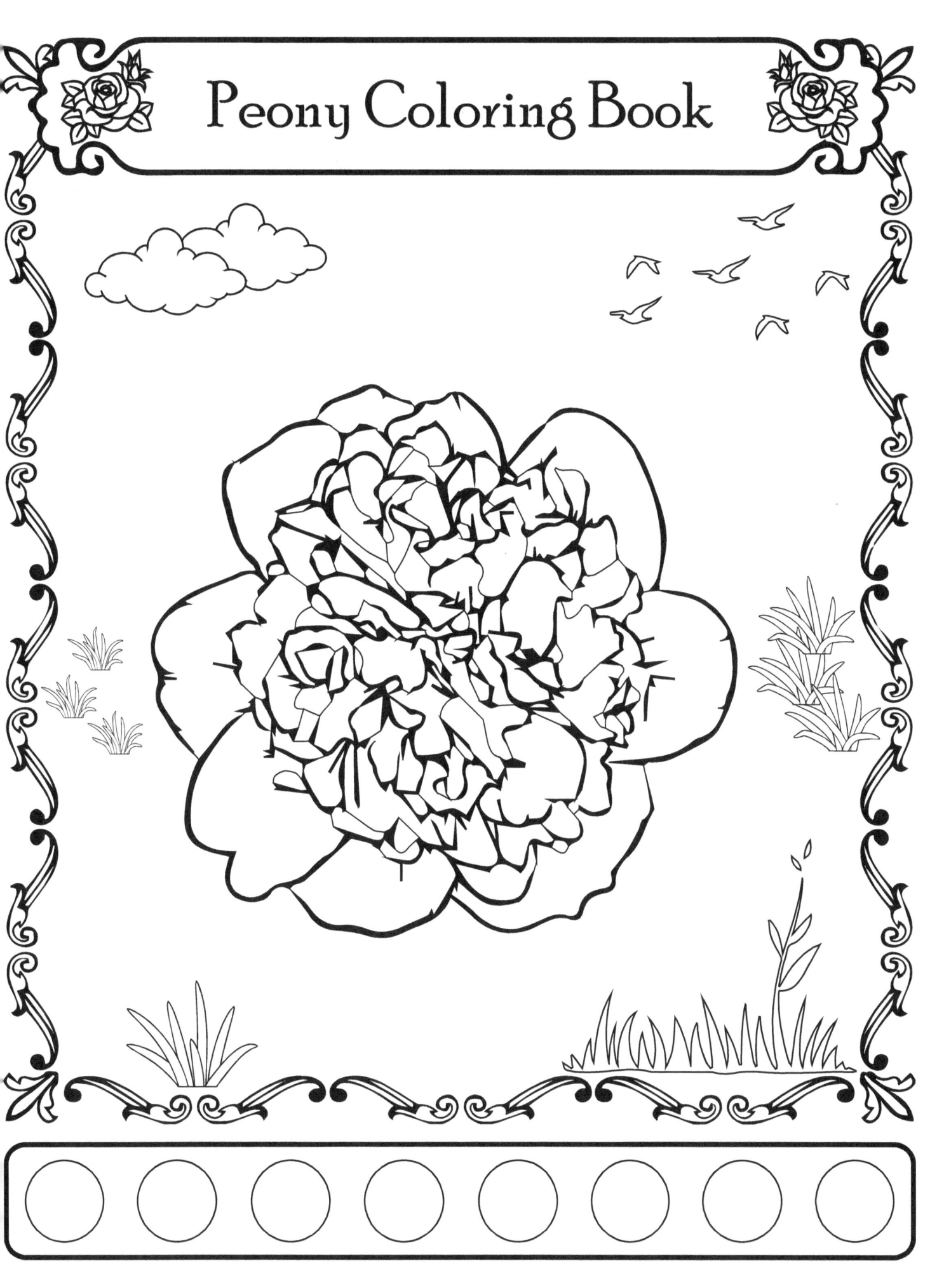

Peony Coloring Book

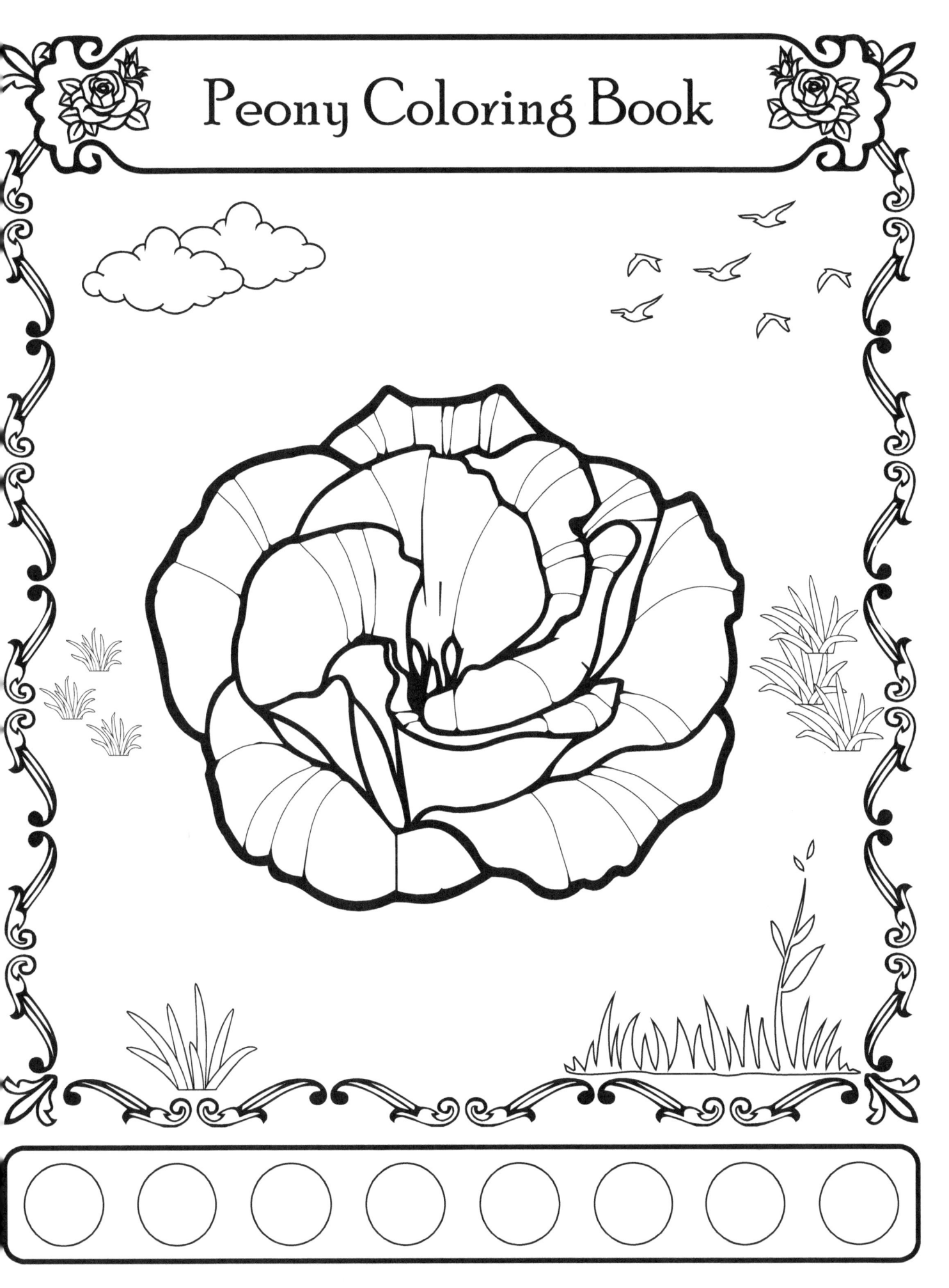

Peony Coloring Book

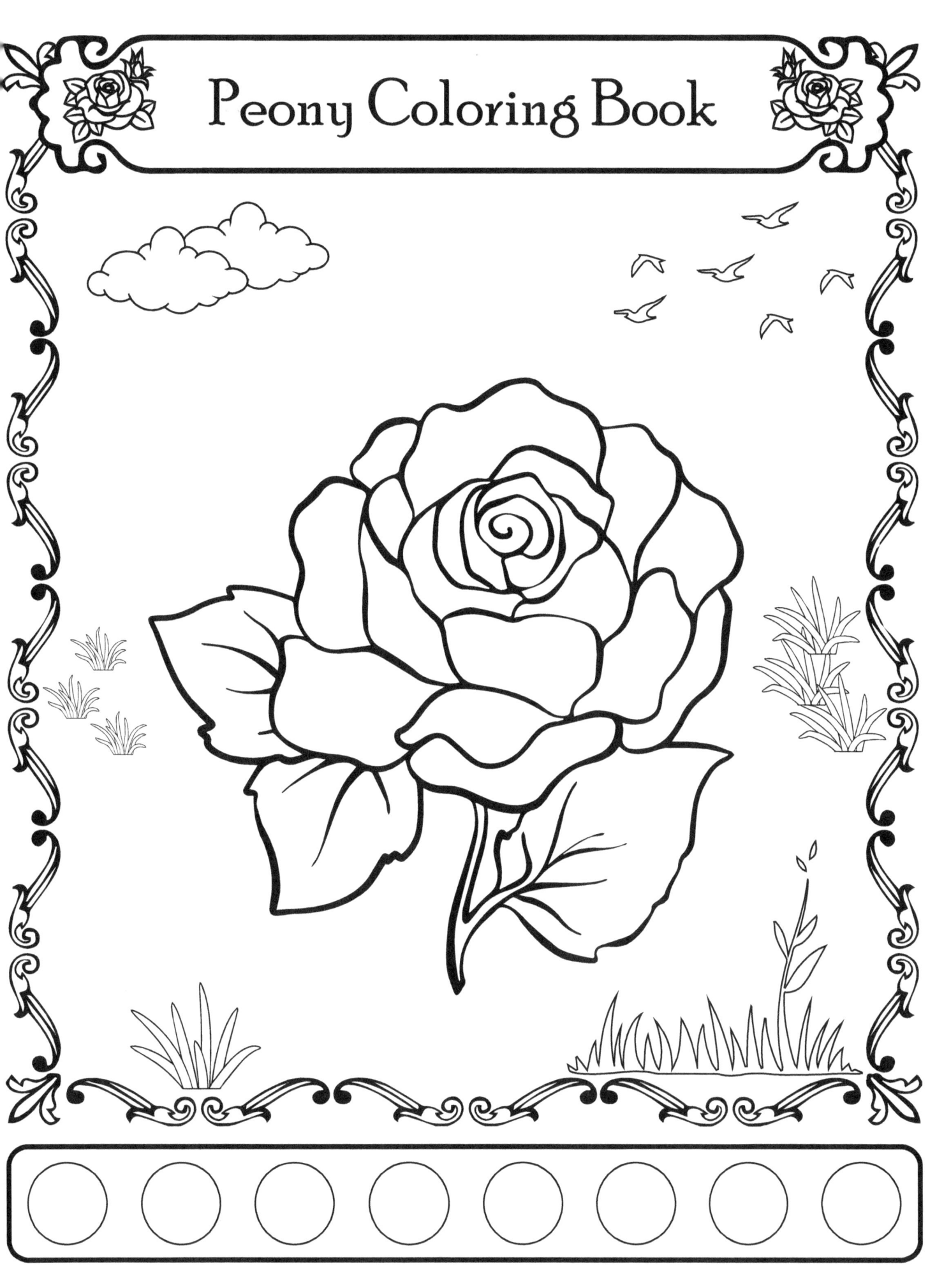

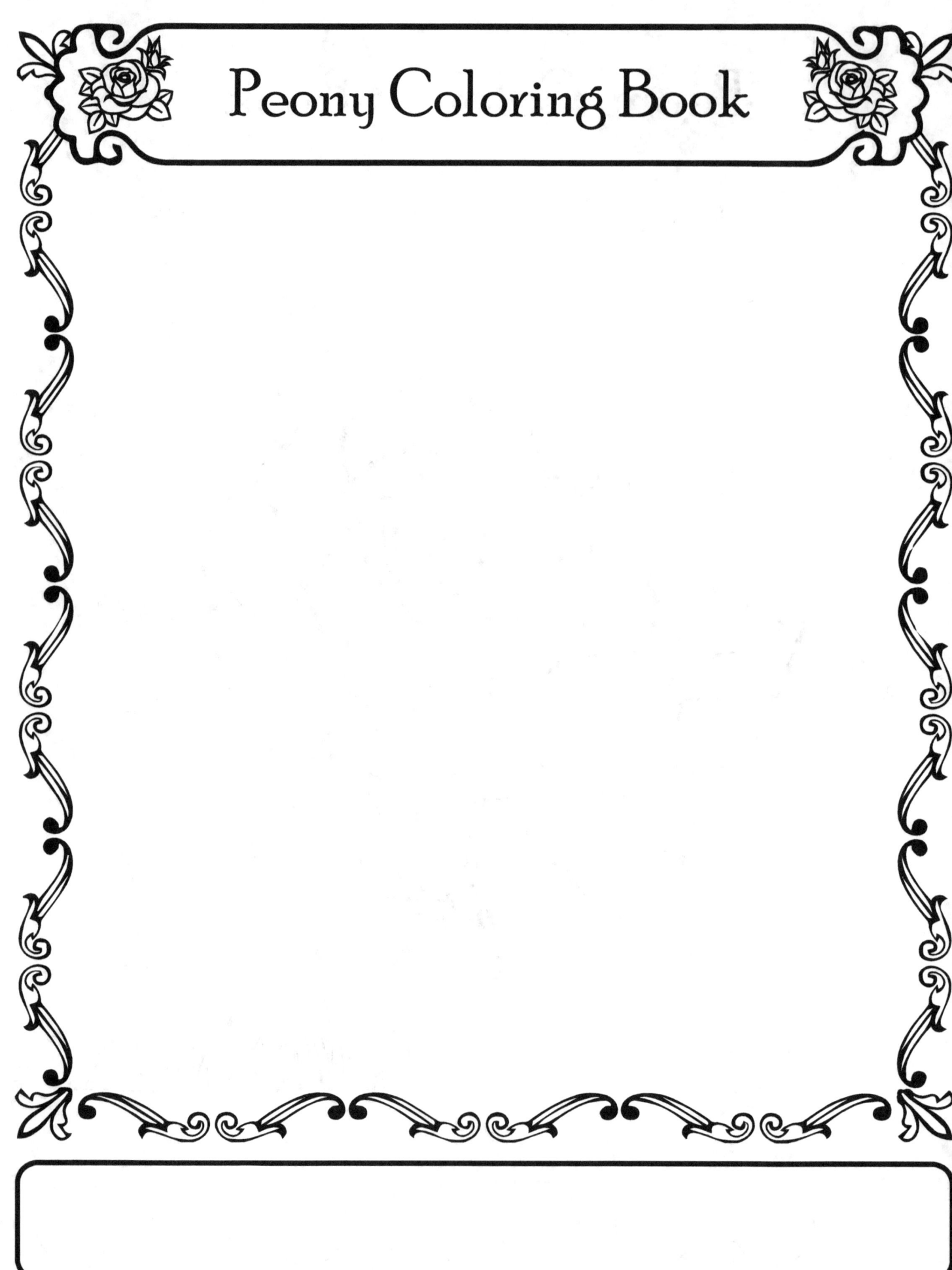

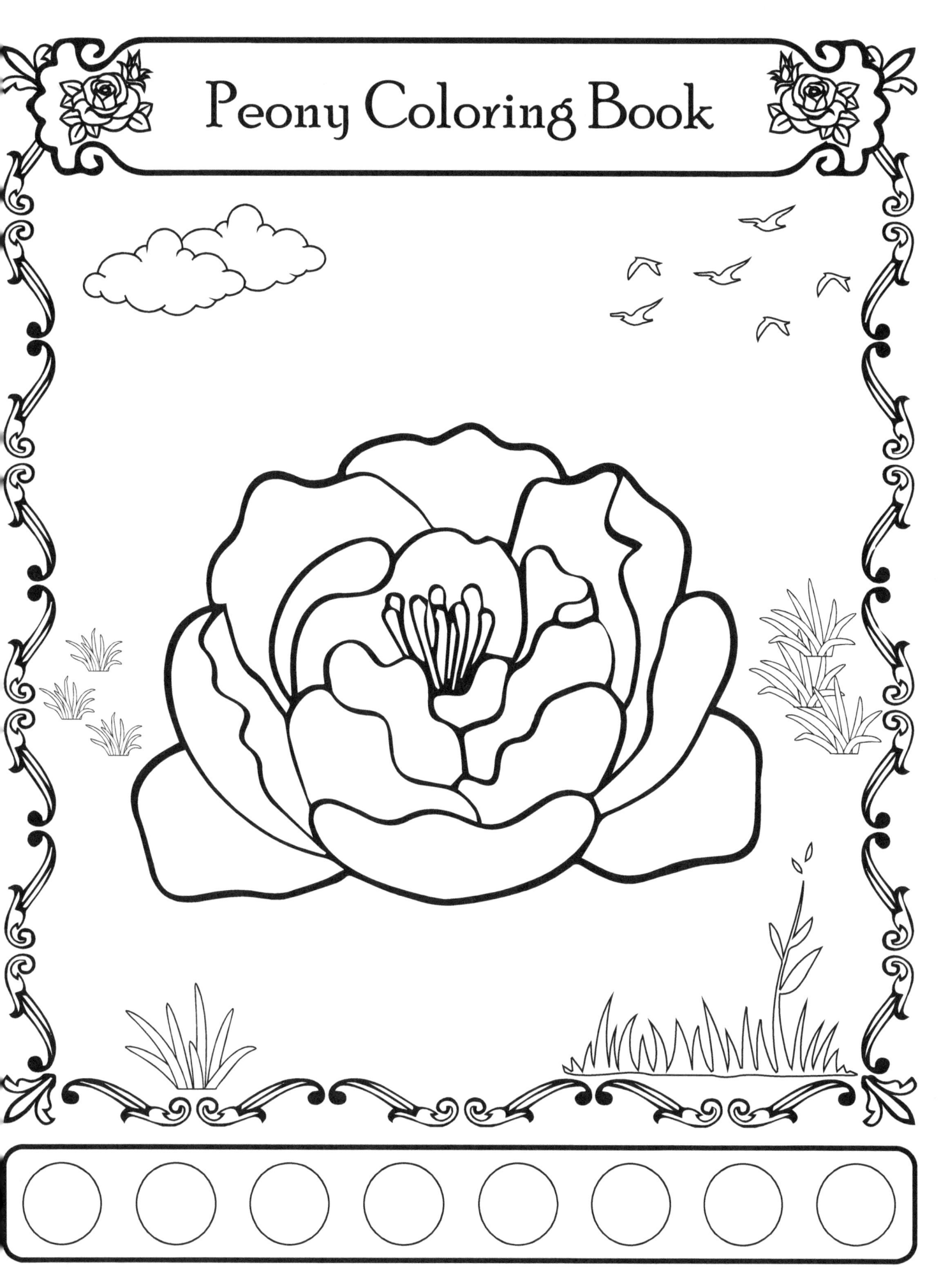

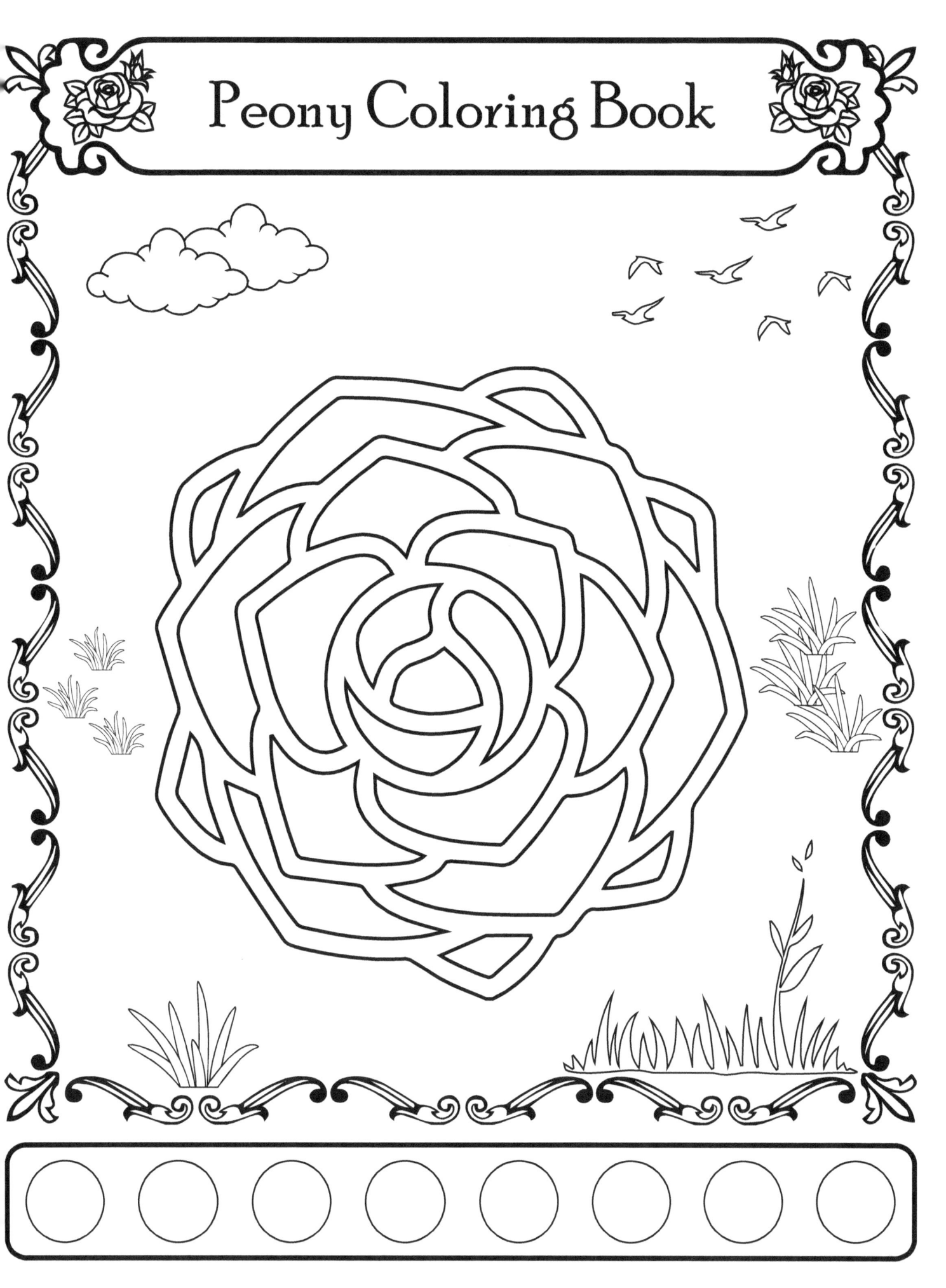

Peony Coloring Book

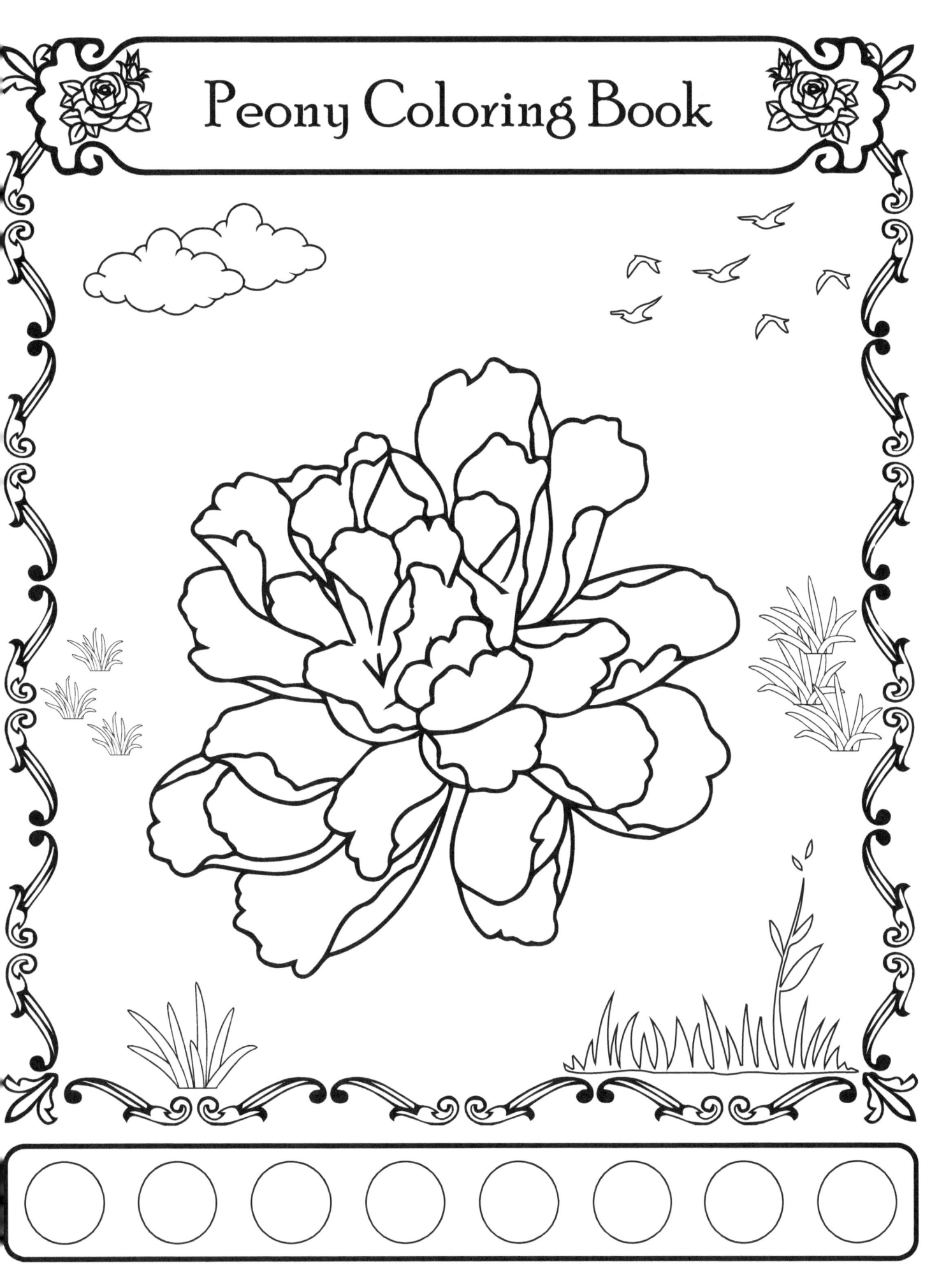

Peony Coloring Book

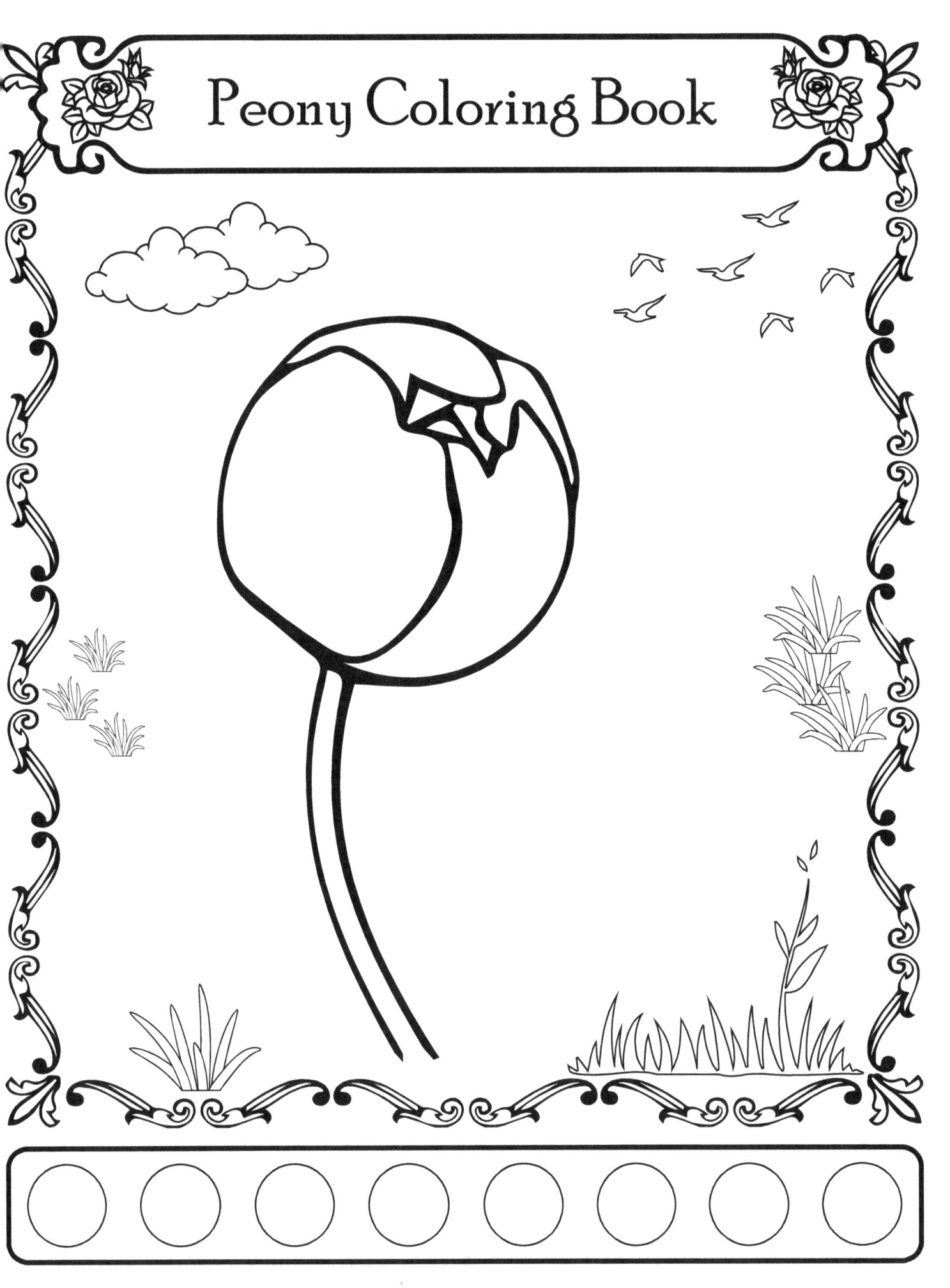

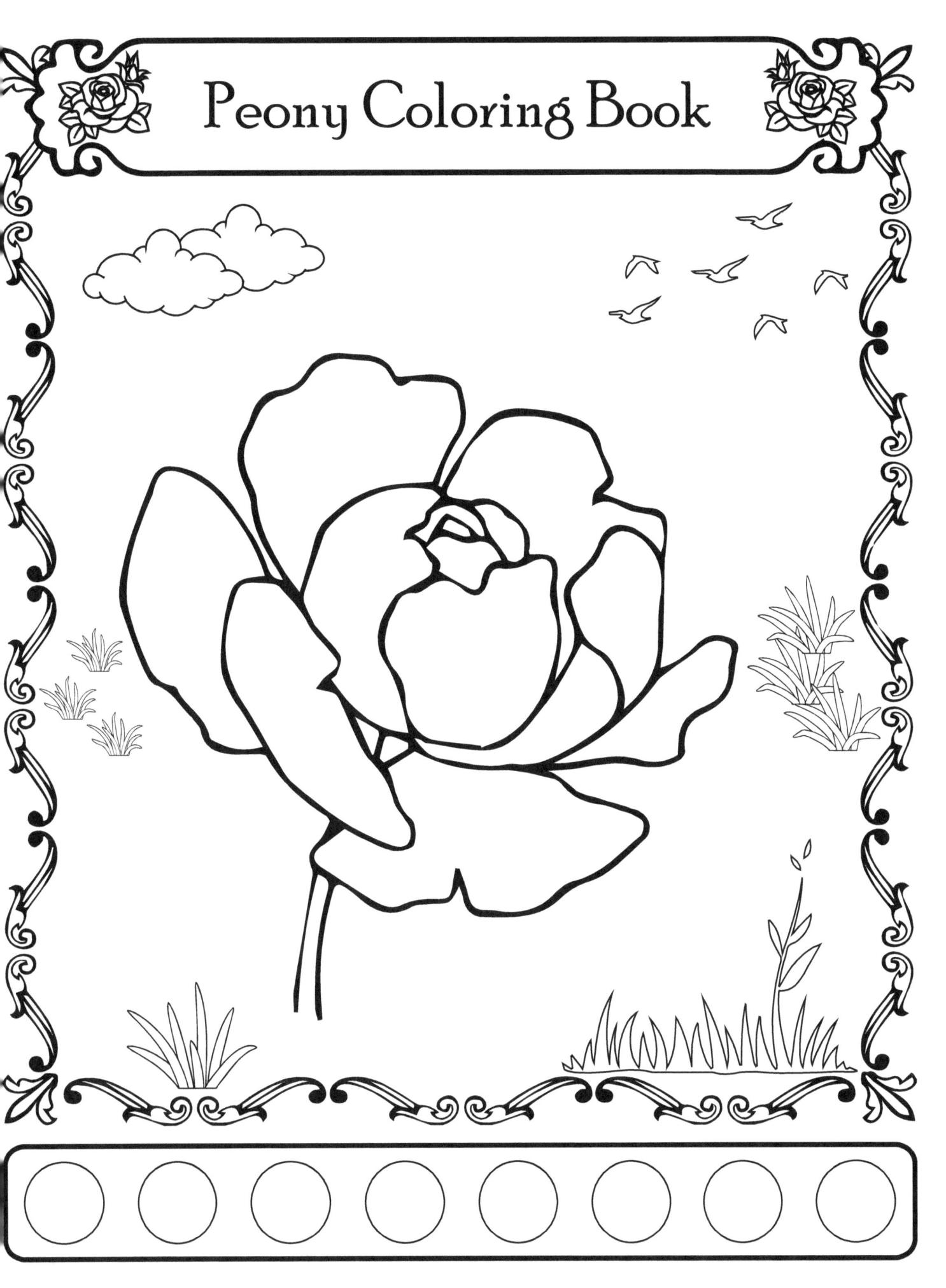

Peony Coloring Book

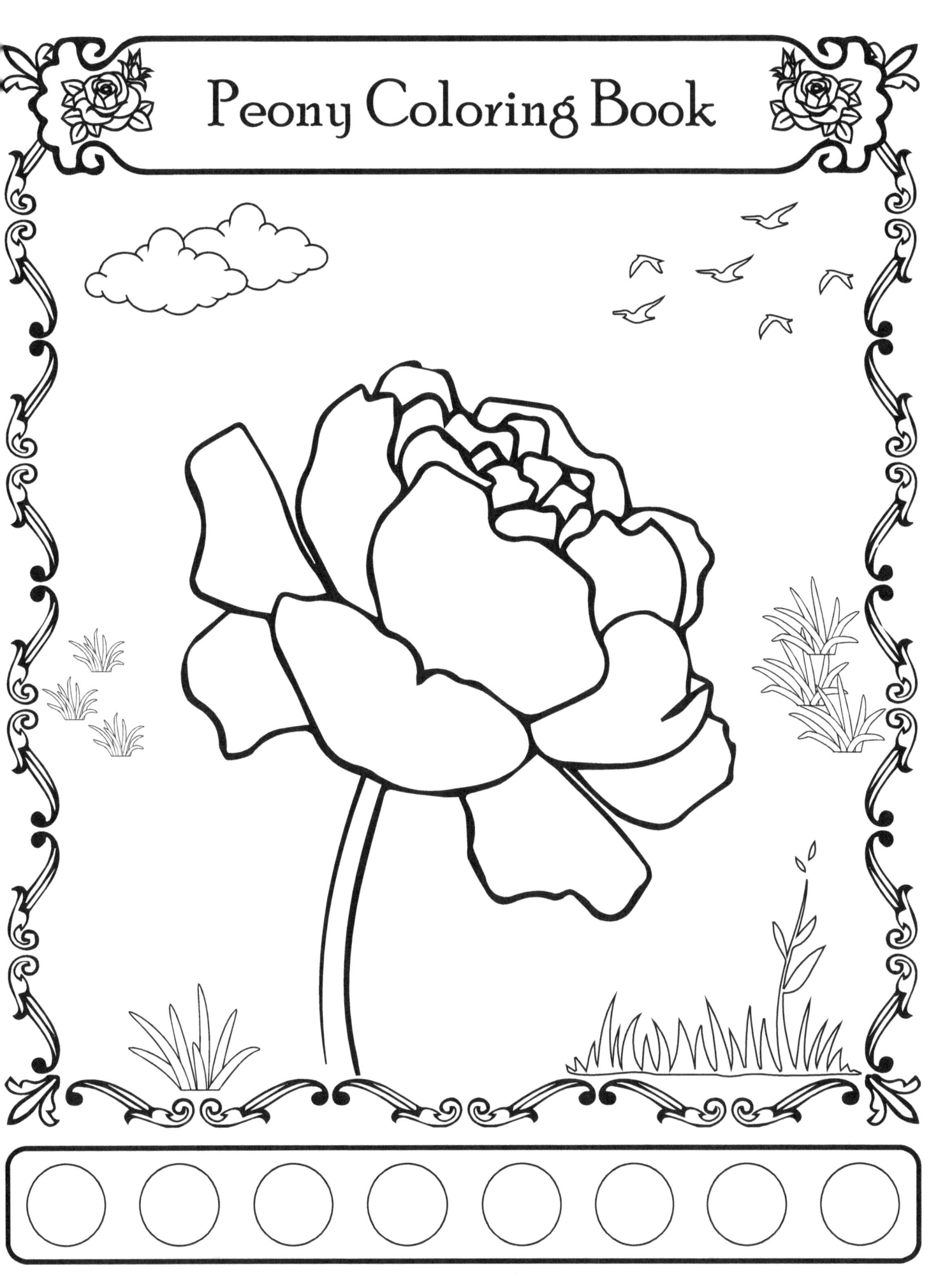

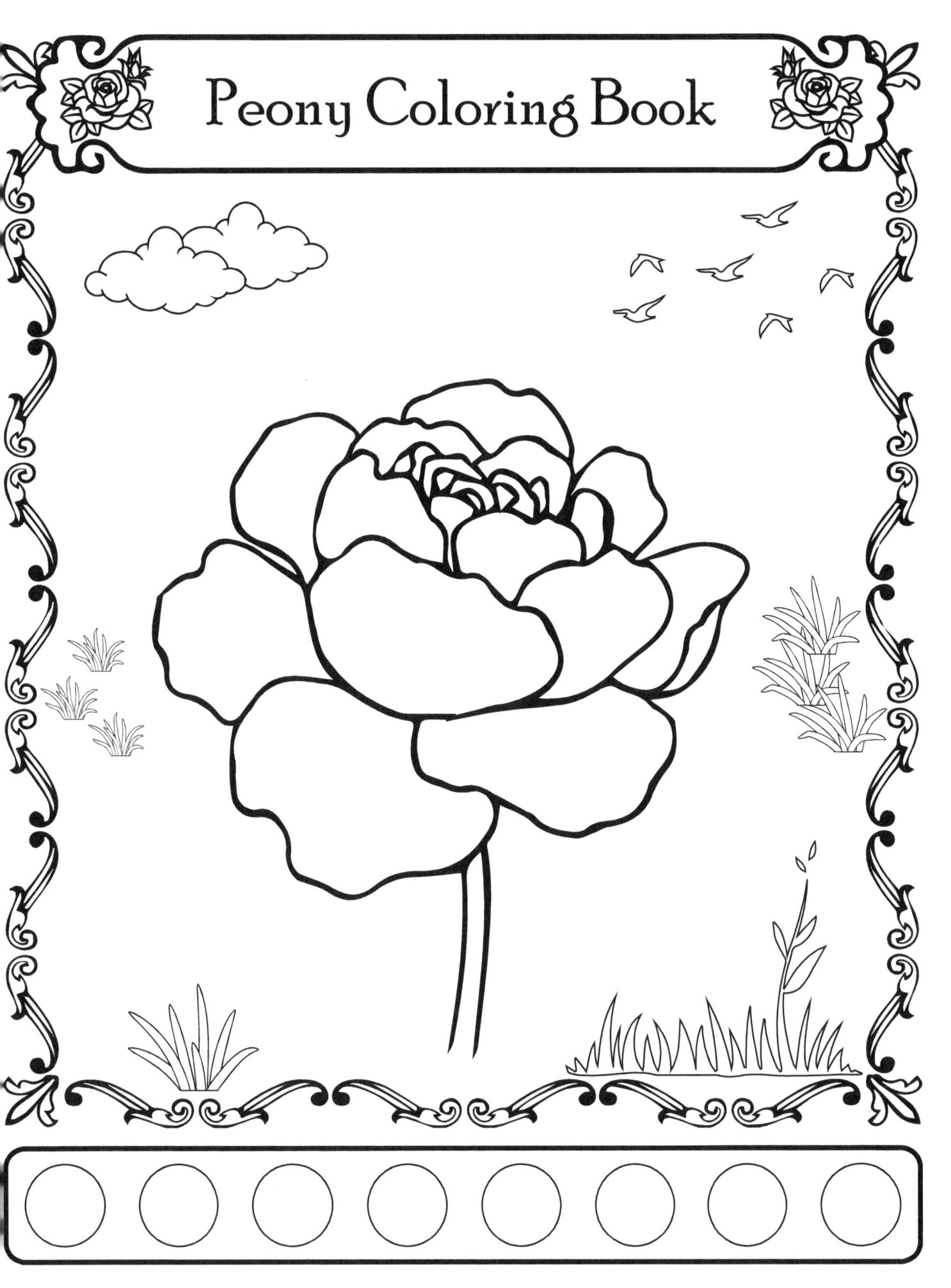

Peony Coloring Book

Peony Coloring Book

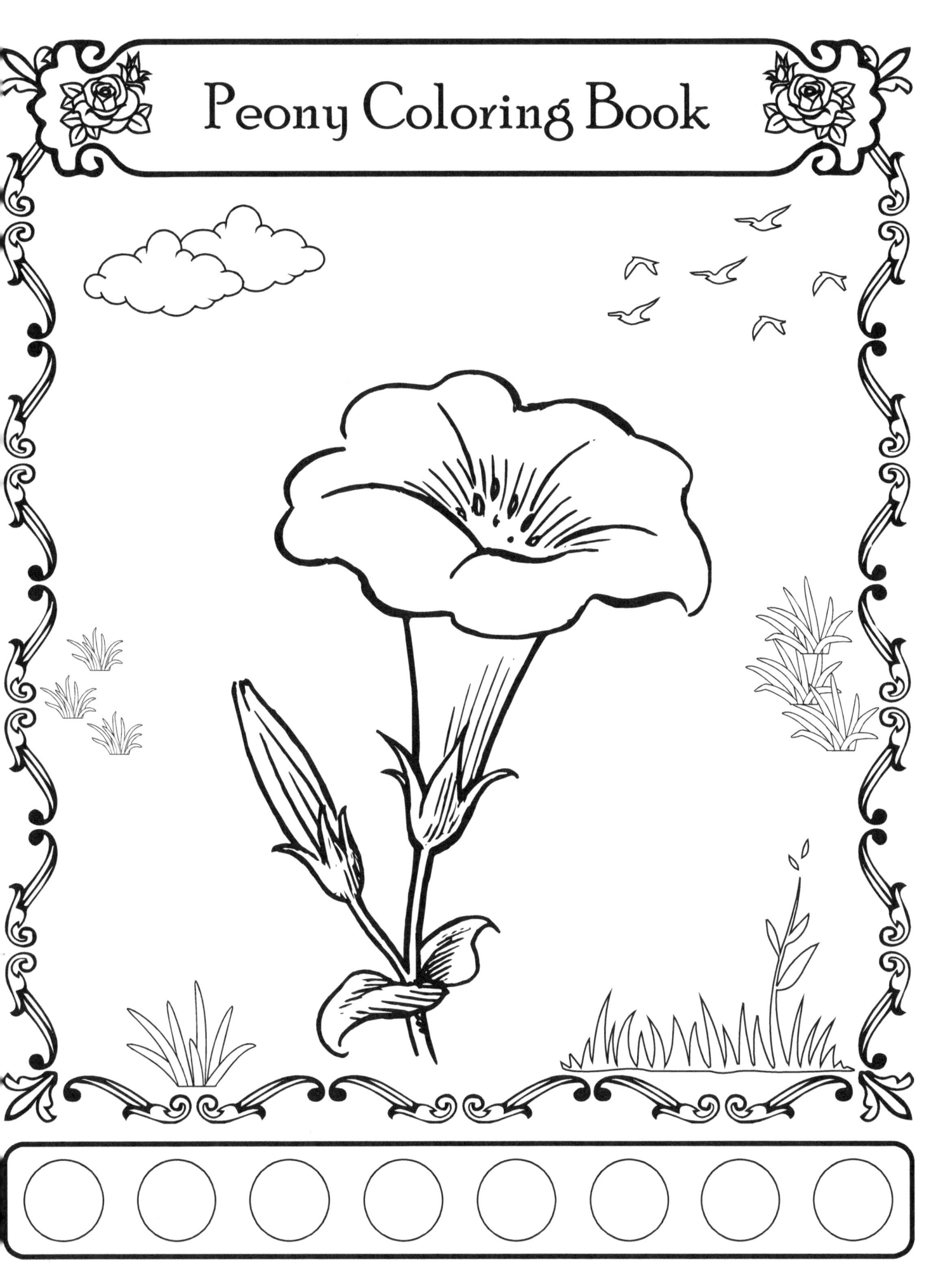

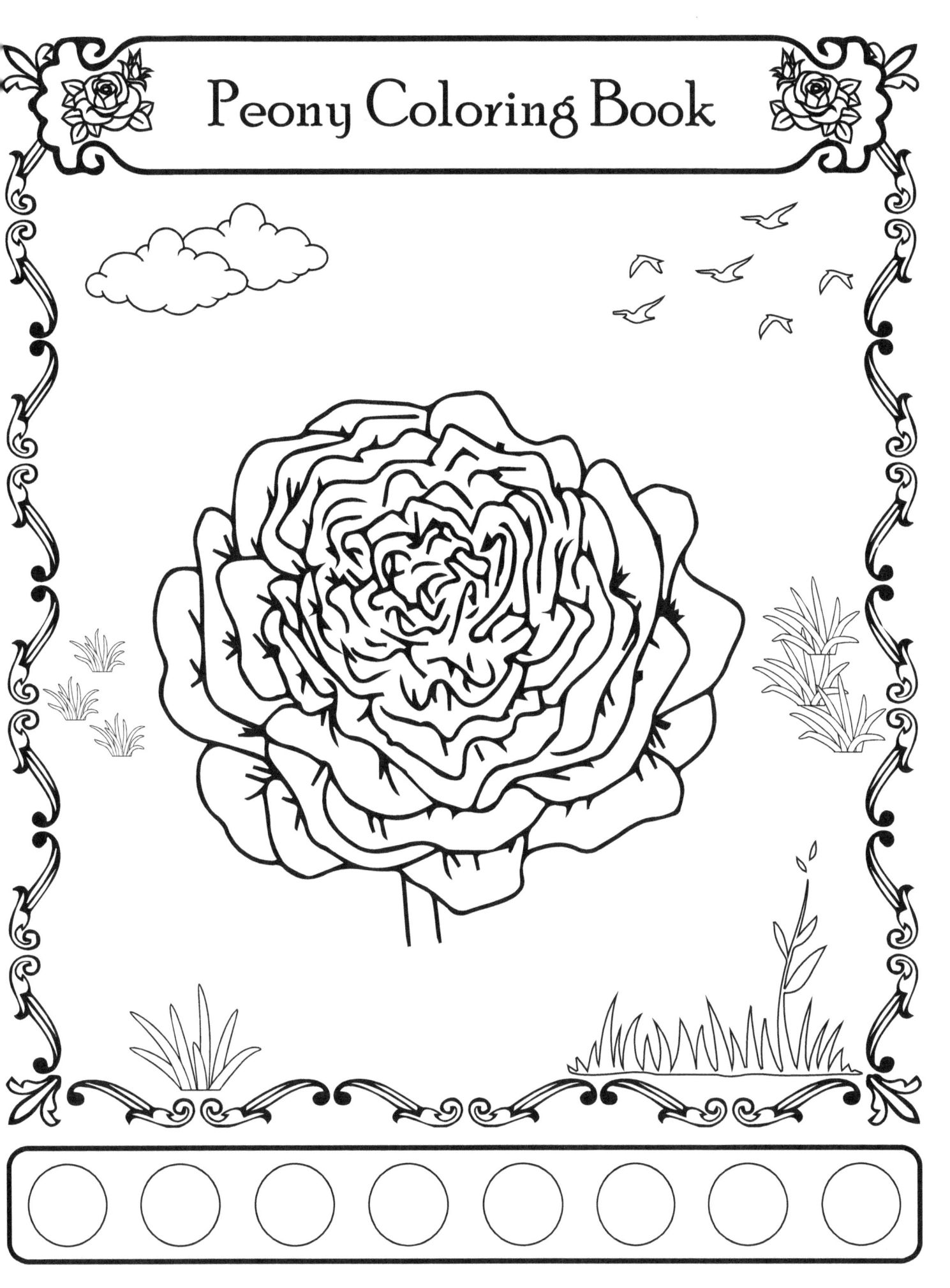

Peony Coloring Book

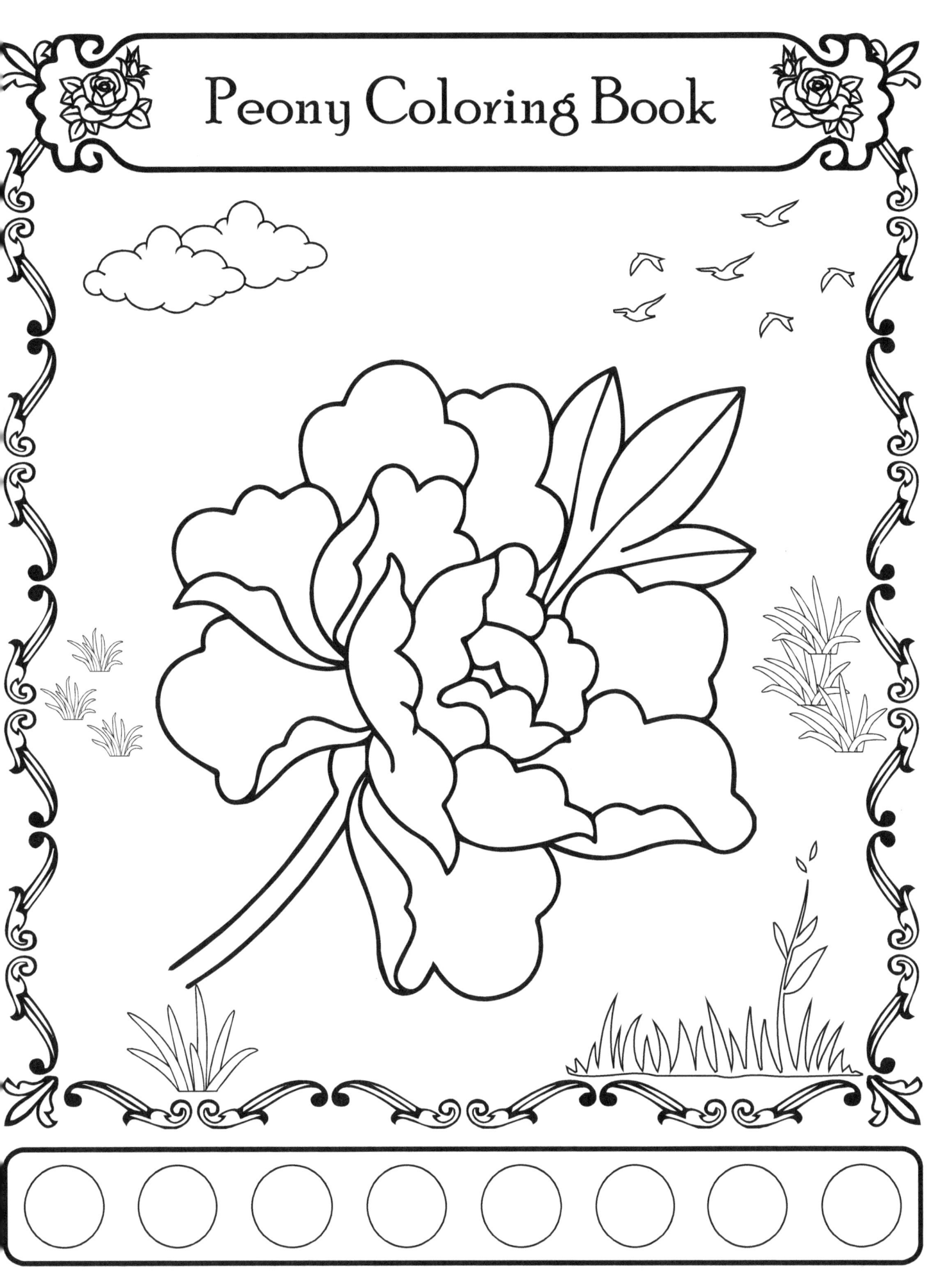

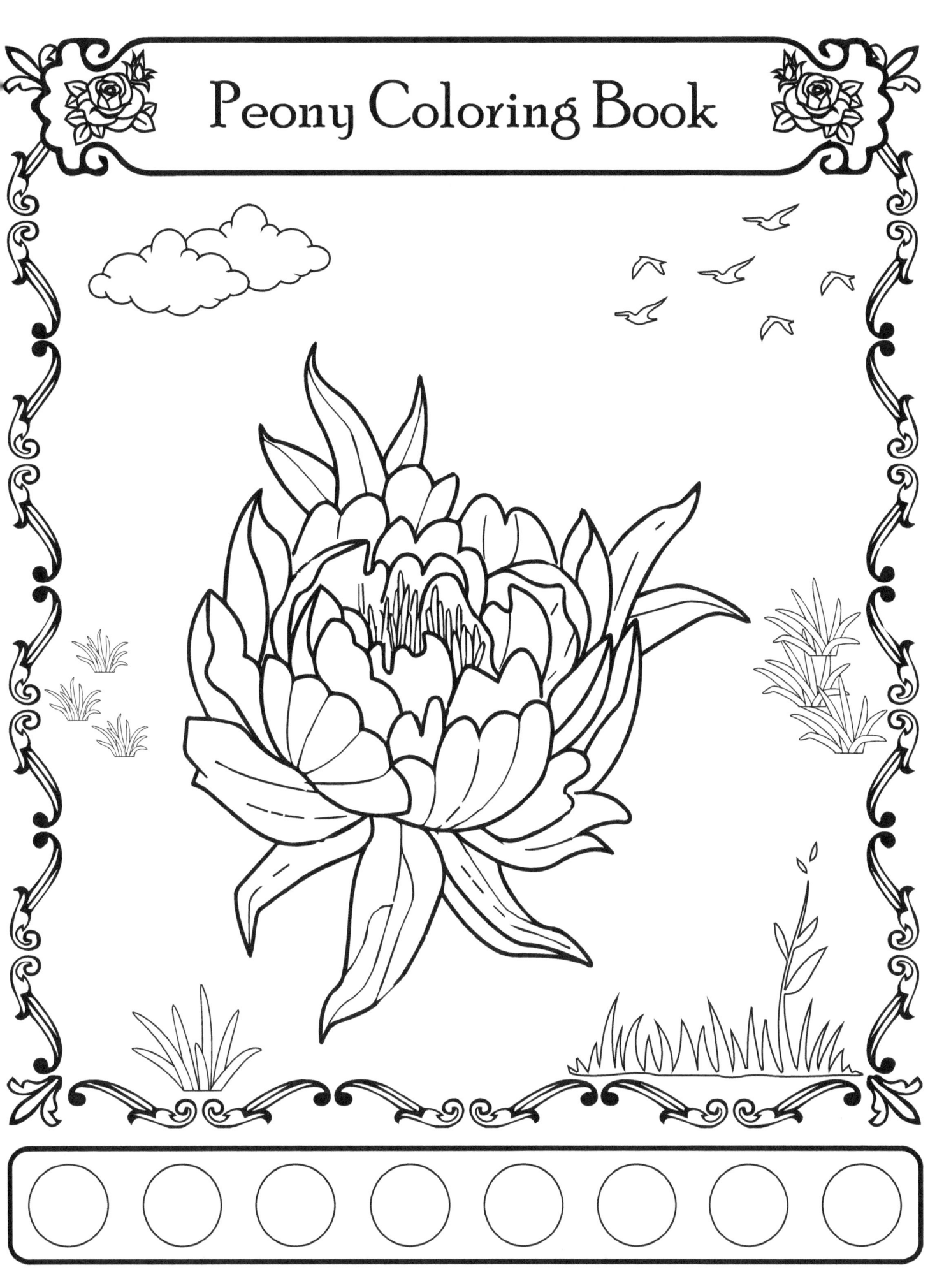

Peony Coloring Book

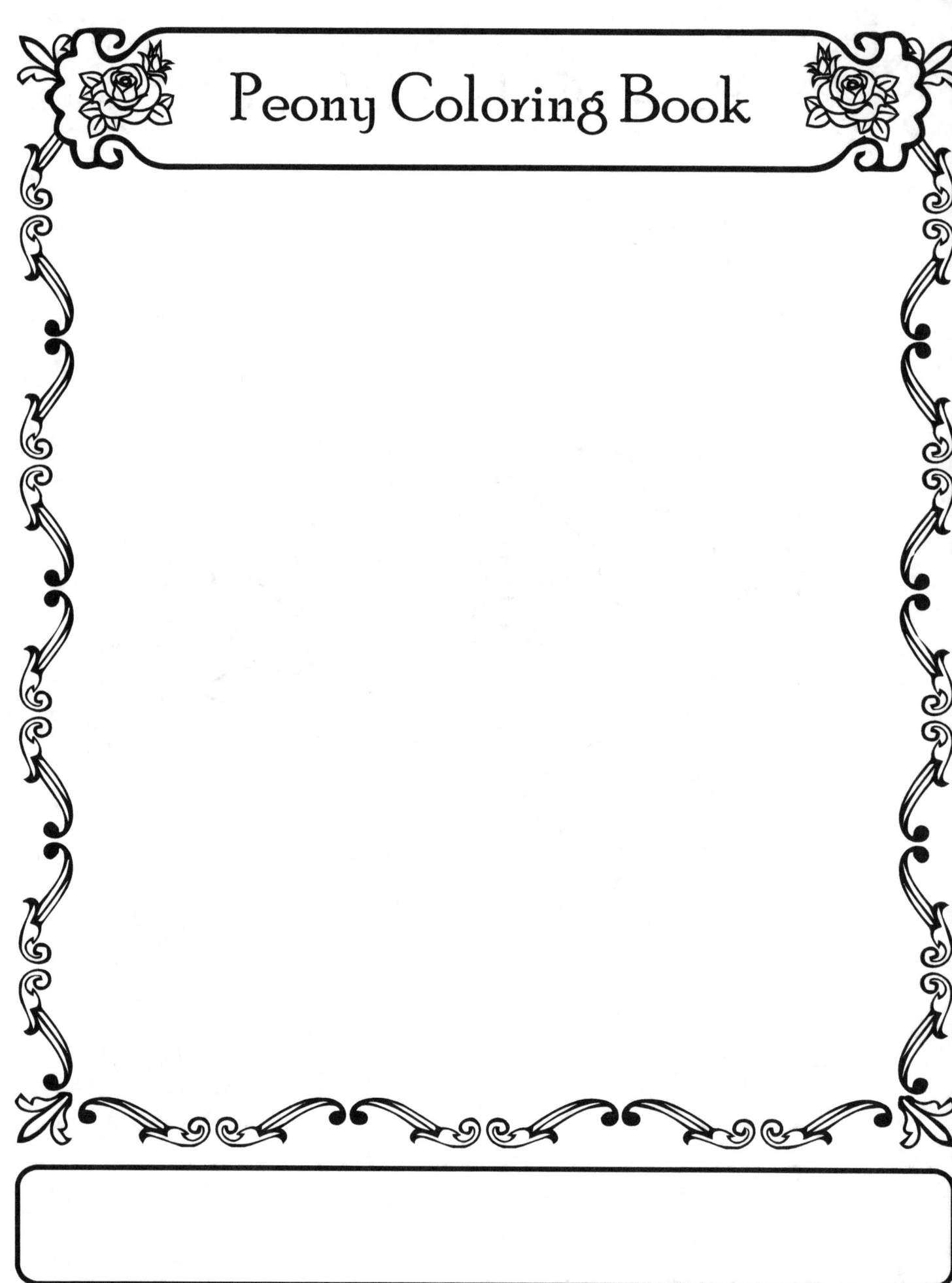

Peony Coloring Book

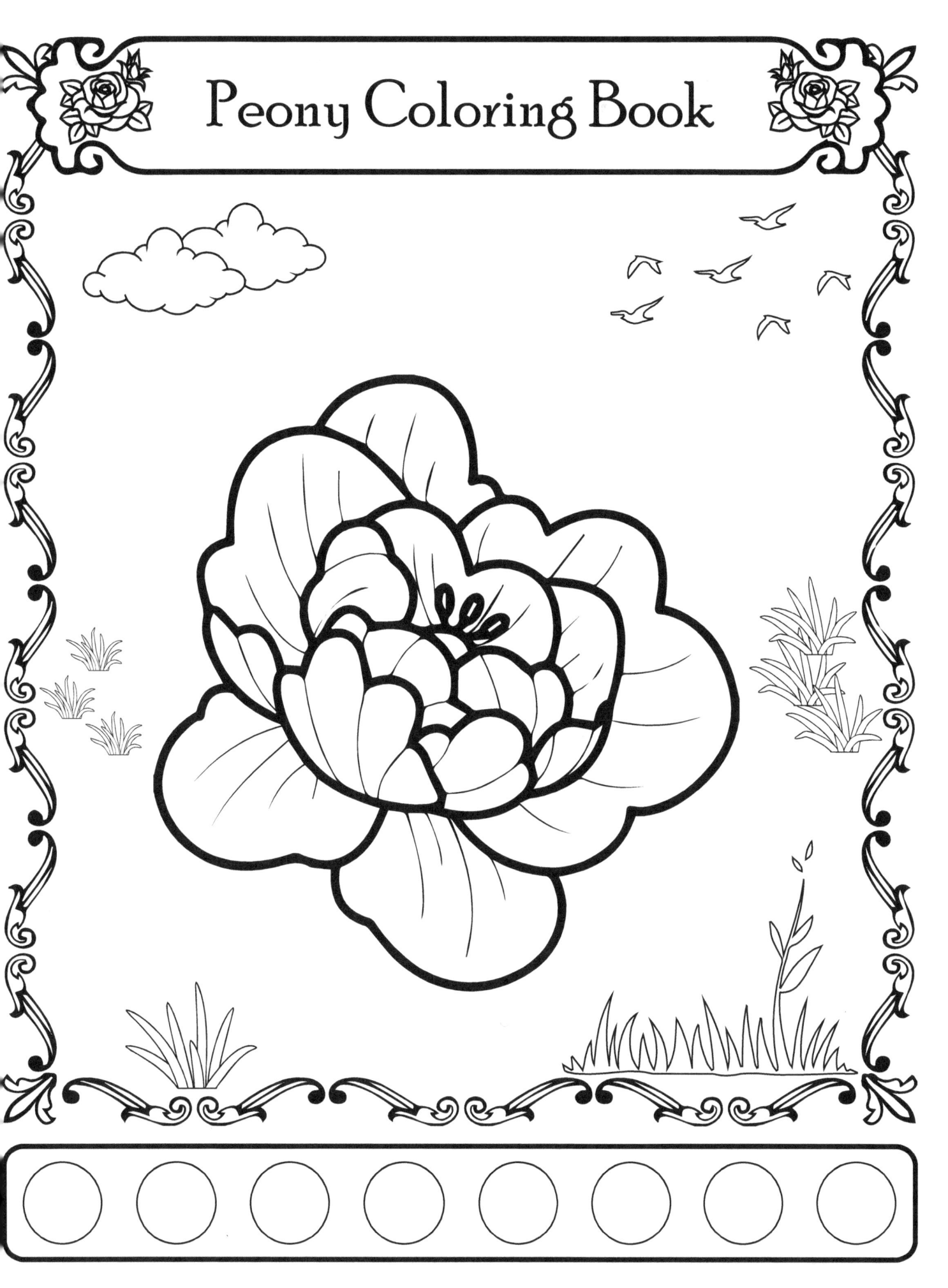

Peony Coloring Book

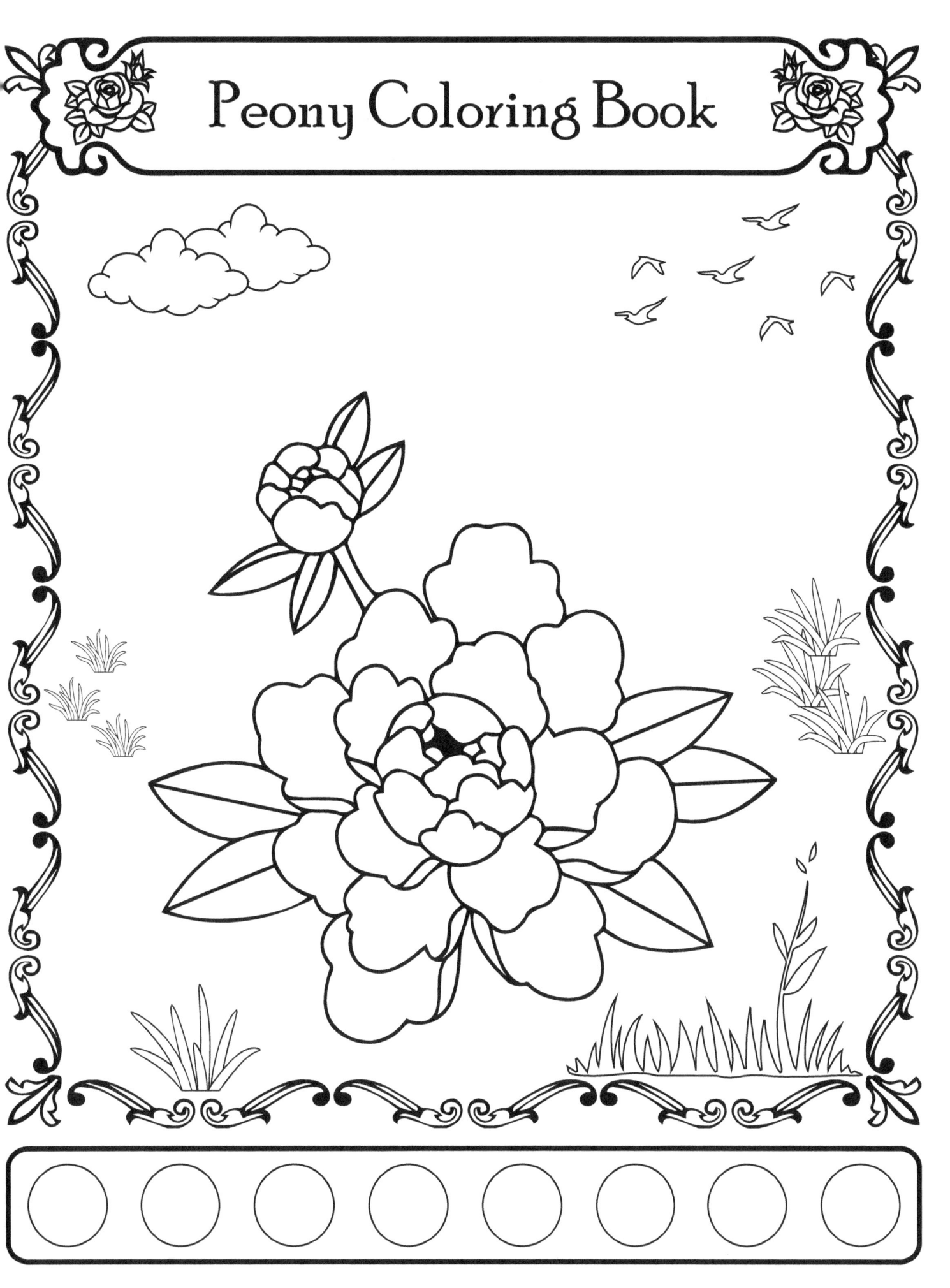

Peony Coloring Book

Peony Coloring Book

Peony Coloring Book

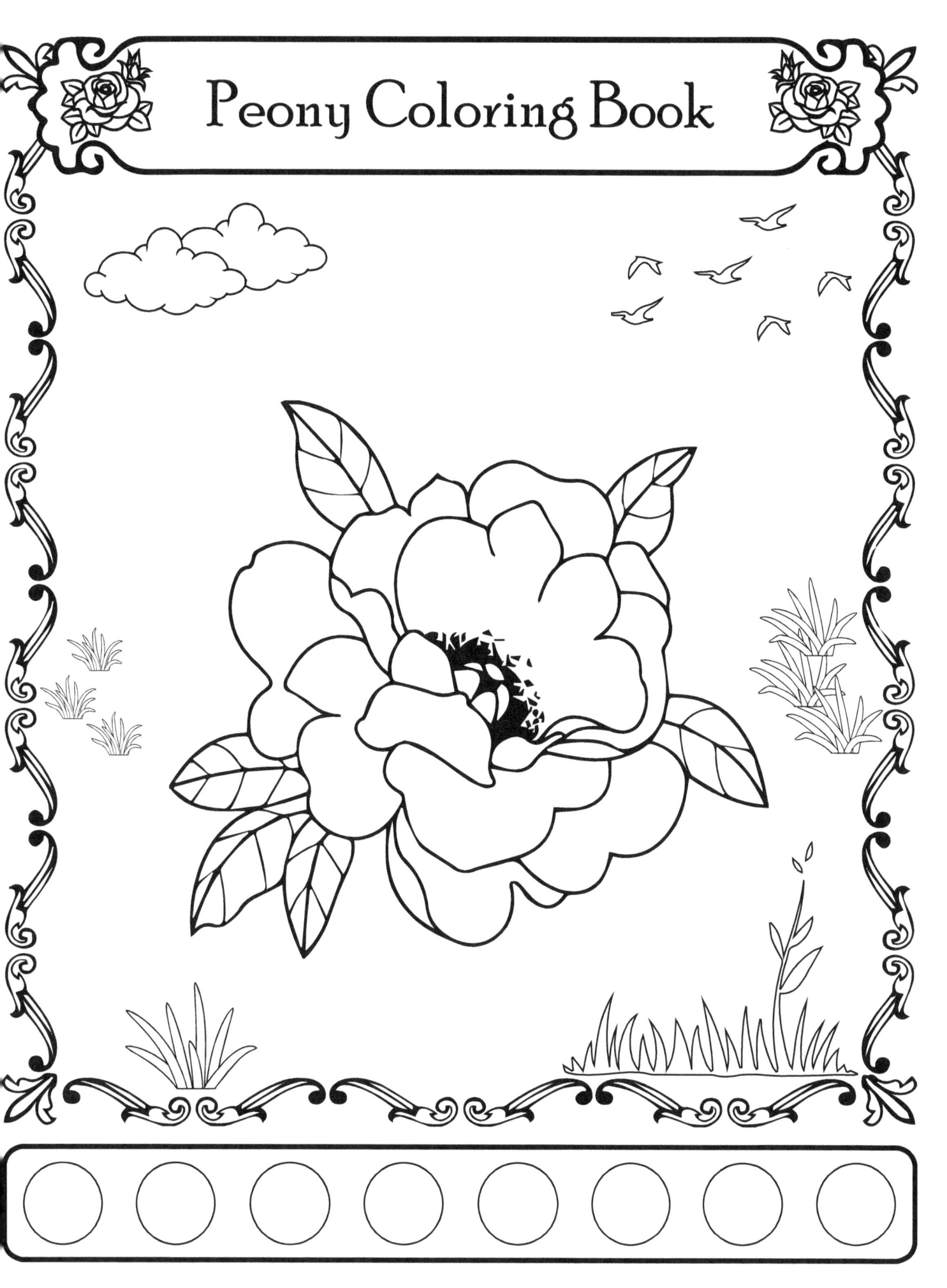

Peony Coloring Book

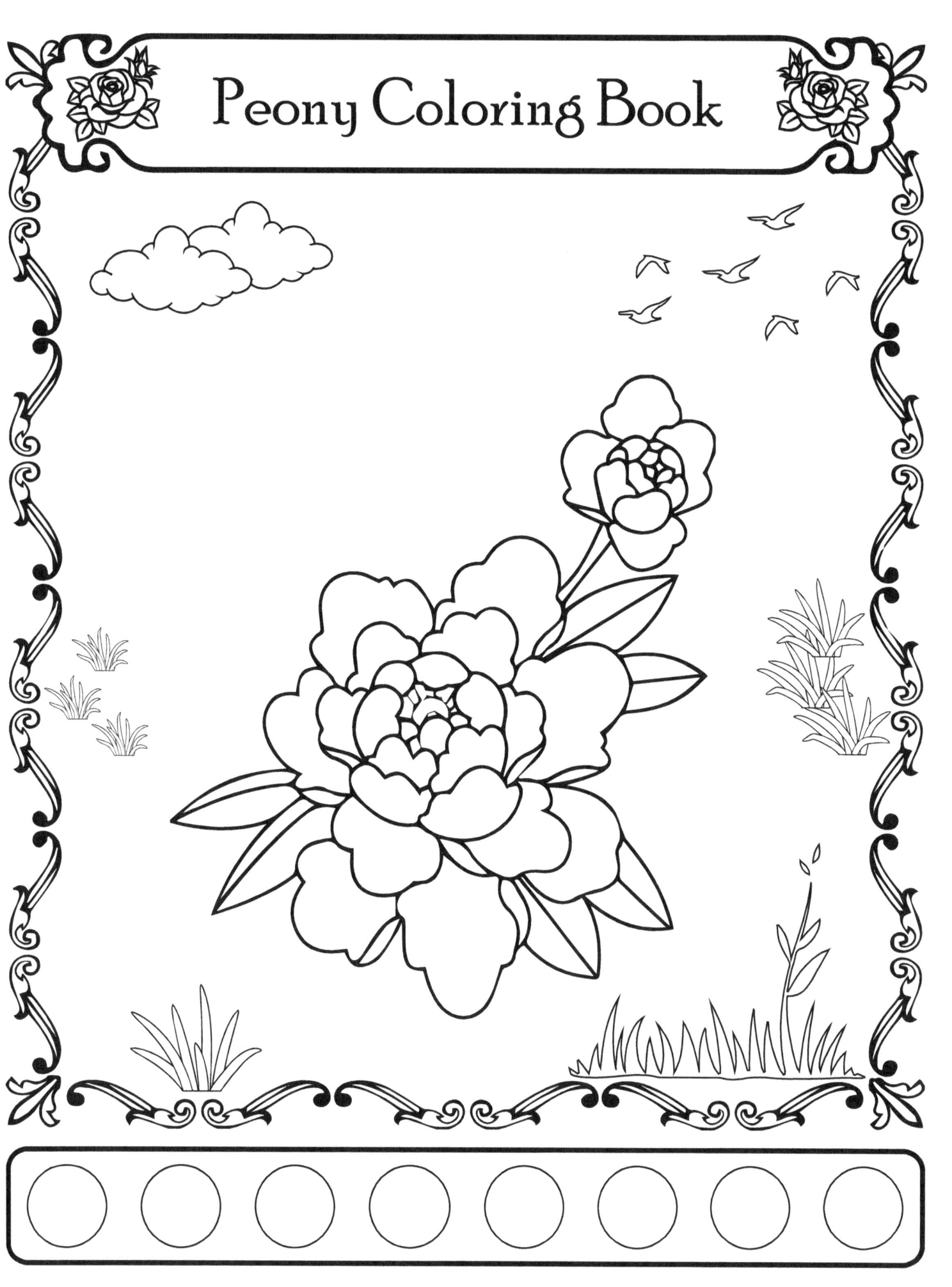

Peony Coloring Book

Peony Coloring Book

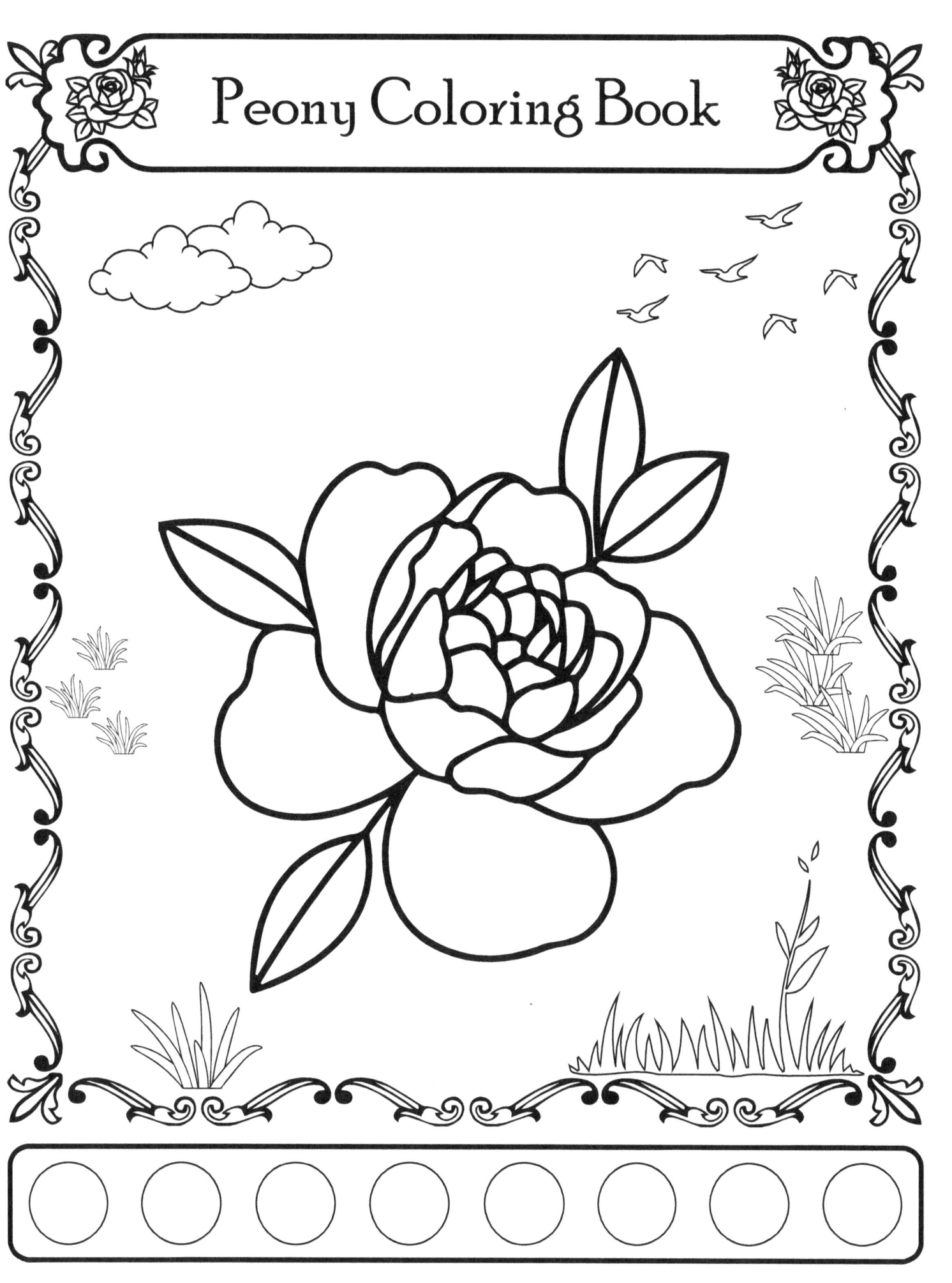

Peony Coloring Book